COMO IMPLEMENTAR UM PLANO DE VISITA COMERCIAL B2B

Guia Prático com ferramentas e orientações

Osvaldo Pereira Silva

1ª Edição – 2024

Publicação Independente

Copyright © 2024 Osvaldo Pereira Silva

Todos os direitos reservados a Osvaldo Pereira Silva.

Todas as situações descritas são fictícias. Qualquer familiaridade com situações reais, ou pessoas vivas ou mortas, é mera coincidência e sem intenção por parte do autor.

Nenhuma parte desse livro pode ser reproduzida ou copiada sem a expressa, e por escrito, autorização do autor.

ISBN: 9798340829818
Selo editorial: Publicação Independente

Design da Capa: Osvaldo Pereira Silva

AGRADECIMENTOS

Esse livro é dedicado aos meus professores, colegas de trabalho, gerentes e a aos líderes executivos que compartilharam comigo suas valiosas experiências, momentos de conquistas e frustações.

CONTENTS

COMO IMPLEMENTAR UM PLANO DE VISITA COMERCIAL B2B
Copyright
Agradecimentos
apresentação
O Valor do Plano de Visita.   1
Como implementar o Plano de Visita?   4
Como se preparar para um Reunião   6
Exemplos de como conduzir uma Reunião   8
Condução da Reunião (continuação)   10
Confirme através de verificação.   11
COMO investigar e descobrir áreas de colaboração ?   12
Iniciando o processo de Venda B2B   14
Fale exemplos de implementações recentes.   15
Evite slides se possível!   16
Procure acordar possíveis áreas de cooperação com o Cliente.   18
Fechando a Reunião   19
Resumindo sobre a importância da Preparação   20
Recomendações finais.   21
Exercício e Aprendizado   23

APRESENTAÇÃO

Prezado leitor(a),

O conteúdo desse Guia foi separado em tópicos para facilitar a aprendizagem e a aplicação. O Guia se destina principalmente aos profissionais que atuam, ou desejam atuar, na área comercial ou de marketing nos diversos segmentos do mercado B2B – onde existe uma venda de uma empresa para outra empresa, e não, para um consumidor final (mercado B2C).

O Guia pode ser lido na sua sequência ou de acordo com a área mais urgente para o leitor no momento da leitura e foi escrito com linguagem coloquial.

Os profissionais comerciais B2B iniciantes, os supervisores ou gerentes B2B, assim como, os líderes seniores podem ler o material do Guia e aproveitar as ideias que irão beneficiar a sua jornada como profissionais de B2B.

O objetivo deste Guia é apoiar os profissionais B2B a acelerarem o crescimento e amentarem a rentabilidade de seus negócios B2B.

Boa leitura e sucesso em suas negociações comerciais B2B.

O VALOR DO PLANO DE VISITA.

Como os Gerentes de Contas B2B podem se preparar para uma reunião e obter o máximo de resultado do tempo "na frente do cliente"?

Os Gerentes de Contas B2B muitas vezes se encontram sobre forte pressão para alcançar metas desafiadoras. Adicionalmente, eles gerenciam uma agenda interna de reuniões. São reuniões de alinhamento, preparatórias, aprovações etc.

Essas reuniões são importantes pois temos que ganhar negócios B2B que estejam alinhados com a Estratégia Comercial da empresa, e que foram devidamente analisados e aprovados.

Um grande desafio, no entanto, é otimizar o tempo investido nessas atividades, de forma a aumentar o tempo investido interagindo com os diversos stakeholders no Cliente.

Tempo é um elemento bem escasso para os Gerentes de Contas B2B.

Então, como se preparar para uma reunião com o Cliente, e obter o máximo de resultado do tempo na "frente do Cliente"?

Uma preparação com método e disciplina, irá reduzir o tempo investido e ajudará a ter uma estratégia vencedora. A preparação irá liberar tempo para que os Gerentes de Contas B2B possam conseguir construir relacionamento, credibilidade e obter alinhamento com os tomadores de decisão mais importantes no Cliente.

Ferramentas como Plano de Contas, Plano de Vista, Gestão Estratégica dos Stakeholders, têm se mostrado como uma excelente abordagem para ganhar mais contas B2B de forma mais rápida e mais lucrativa.

Mas como implementar essa abordagem? Como adaptar essa abordagem para minha carteira de clientes B2B ou para minha área de negócios? Quais as principais ferramentas, atividades e a abordagem diagnóstica B2B a ser implementada?

Possivelmente, o Plano de Visita seja a primeira e principal ferramenta a ser implementada.

O investimento de tempo em desenvolver um Plano de Visita fará com que a reunião seja mais produtiva, assertiva, colaborativa, trazendo benefícios para o Gerente de Contas B2B, e, reduzindo o ciclo de fechamento do negócio B2B.

Com a implementação do Plano de Visita, você terá mais facilidade em realizar o potencial de crescimento que planejado.

Vamos então explorar como implementar.

COMO IMPLEMENTAR O PLANO DE VISITA?

Considere as seguintes boas práticas de acordo com seu tamanho, ambição de crescimento e setor de mercado.

- Faça seu dever de casa e procure ficar bem-informado sobre o mercado onde o cliente atua, sobre as informações públicas disponíveis sobre o cliente, sobre as pessoas que você quer visitar.

- Pesquise e construa uma base sólida de conhecimento para utilizar para engajar os executivos do Cliente.

- Utilize: Google, LinkedIn, Relatórios Públicos e Notícias.

- Nessa fase de preparação, e anterior as visitas, concentre sua energia e tempo em prender e registrar.

Aprenda tudo que puder sobre o seu Cliente.

A nível da Organização: Onde o Cliente quer chegar? Qual a estratégia? Objetivos, Fatores Críticos de Sucesso, Planos, Metas. Quem são os Competidores mais fortes e por quê?

A nível da Área de Negócio Alvo para a venda da sua solução, produto ou serviço: Objetivos, Projetos, Fatore Críticos de Sucesso, Planos, Metas, Preocupações, Desafios.

Em que áreas a sua Empresa poderia <u>potencialmente</u> ajudar o Cliente a alcançar os Planos, Metas, e Fatores Críticos de Sucesso?

A palavra potencialmente está sublinhada pois não visitamos o cliente ainda.

Estamos formulando **hipóteses de valor**, que precisam ser testadas, confirmadas e detalhadas <u>junto com o cliente</u>.

COMO SE PREPARAR PARA UM REUNIÃO

Vamos ver agora uma metodologia para o planejamento de uma reunião onde os <u>objetivos são: aprender sobre o negócio do Cliente e abrir portas para oportunidades comerciais.</u>

Etapas do Planejamento para a Reunião:

- **Propósito:** Por que fazer a reunião.

- **Objetivos**: Que resultados quero alcançar.

- **Estratégia:** Qual abordagem e sequência vou utilizar.

- **Antecipação:** Que perguntas o Cliente pode fazer? Que desafios o Cliente pode fazer?

Imprima o seu Plano de Visita que pode ser feito em World. Coloque no bolso. Você poderá ler o documento novamente no metrô, no avião, no taxi.

Etapas	Conteúdo	Comentários
Propósito		
Objetivos		
Estratégia		
Antecipação		

Não se preocupe em documentar tudo.

O tempo alocado na preparação do Plano de Visita depende da importância da reunião e do tempo que a reunião vai durar.

Quanto mais importante for a reunião, mais tempo precisa ser investido em pensar a estratégia para conduzir a reunião, e mais tempo também, pensando em quais perguntas e objeções o Cliente pode fazer, e que respostas você vai dar.

EXEMPLOS DE COMO CONDUZIR UMA REUNIÃO

Vejamos agora um exemplo de como conduzir uma reunião em que o Propósito é buscar entender os Desafios enfrentados pelo Cliente e a quais são as Prioridades do Cliente.

Abrindo a Reunião

Estabelecer sua credibilidade como profissional de negócio e uma atmosfera de cooperação.

Pergunte sobre a agenda (alguma alteração, algum novo item que o cliente queira abordar) e a duração da reunião (o cliente deseja terminar a reunião mais cedo?).

Condução da Reunião

Foco no negócio do cliente / convidar ao diálogo e participação / obter informações úteis.

Não tente vender seus produtos, soluções e serviços nesse momento!

Descubra todas as metas e quais são as iniciativas consideradas para entregar as metas.

Descubra todos os Fatores Críticos de Sucesso (FCS) e FCS

associados com as iniciativas.

Aprenda sobre os Desafios que o Cliente está enfrentando e o que ele já fez para tentar resolver os Desafios, e que está planejando fazer no futuro próximo.

Mostre interesse, preste atenção no que está sendo falado e procure esclarecer palavras e frases muito genéricas. Exemplo: "Quando você fala que a atividade XXX está estremamente elevada ou crítica, você pode me ajudar a entender o por quê?" Faça perguntas se seguimento. Vamos ver mais adiante exemplos de perguntas de seguimento.

CONDUÇÃO DA REUNIÃO (CONTINUAÇÃO)

<u>Faça perguntas abertas e de seguimento.</u>

Faça perguntas de segundo e terceiro nível: faça perguntas de seguimento.

<u>Exemplos:</u>

- Você pode me ajudar a entender melhor?

- Você poderia dar um exemplo?

- Quando você diz isso... o que é um exemplo que ilustra este problema?

CONFIRME ATRAVÉS DE VERIFICAÇÃO.

Pergunte sobre Prioridade.

Qual é o Fator Crítico de Sucesso mais importante?

Por que? O que estão planejando alcançar?
Quando ? Quais são as principais iniciativas?

Comece a explorar possíveis áreas de Colaboração.

Algumas iniciativa poderia se beneficiar de um olhar externo ? Ou, de uma comparação boas práticas de mercado?

COMO INVESTIGAR E DESCOBRIR ÁREAS DE COLABORAÇÃO ?

Objetivo: entender possíveis áreas de Colaboração.
Qual é o processo em vigor para lidar com essa situação?
Quem na organização é responsável?
Qual é o cronograma?
O que foi alcançado como sucesso até agora?
O que ainda é um desafio?

Pergunte sobre preocupações, ambições e riscos.
Que riscos o Cliente quer minizar ou eliminar?

ENTENDENDO O CUSTO DO PROBLEMA

Procure entender o Custo do Problema associado ao Fator Crítico de Sucesso indicado como prioritário.

Pergunte:

Qual o início do processo?

Quais são os indícios de que o processo não está sendo executado? Ou, pode ser melhorado?

Quais as consequências do processo não estar entregando o desempenho esperado ?

Qual o valor perdido?

Qual o tempo perdido? Qual a despesa incorrida?

Qual a margem perdida?

Esclareça palavras gordas (genéricas).

Se o Cliente falar: " O resultado da produção está excelente."

Esclareça: "Que bom! Quando você fala que o resultado está excelente, você pode me dar um exemplo?" E como isso se compara com o desempenho do ano passado? Ou, com a Meta para esse ano? E, com a competição ? Que mais está sendo considerado para melhorar o desempenho?

INICIANDO O PROCESSO DE VENDA B2B

Esse pode ser um bom momento da reunião para falar sobre soluções, ideias, produtos, serviços e áreas de suporte que <u>sua empresa tem experiência e conhecimento</u>.

FALE EXEMPLOS DE IMPLEMENTAÇÕES RECENTES.

Mencione casos de sucesso.

Mencione soluções que sua empresa desenvolveu

em cooperação com Clientes.

Seja breve, específico, claro e fale com calma e segurança.

EVITE SLIDES SE POSSÍVEL!

Se o Cliente pedir para ver mais detalhes, aí pode ser o momento de mostrar alguns poucos slides bem visuais.

Se o Cliente perguntar:
"Mas como isso poderia funcionar para minha empresa?"
"Como essa solução poderia ser implementada aqui na empresa?"

Confirme que você está preparado para dar mais detalhes.

Mas é importante evitar dividir com o Cliente todos os segredos do COMO.

Você quer assinar um contrato comercial, e não, dar consultoria de graça.

Nesse caso, alguns poucos slides podem ajudar.

Não pergunte : " Eu poderia fazer uma apresentação?"

<u>Pergunte</u> : " Eu tenho alguns poucos slides que resumem a solução que minha empresa implementou e o valor gerado para os Clientes. Vamos utilizá-los agora?"

PROCURE ACORDAR POSSÍVEIS ÁREAS DE COOPERAÇÃO COM O CLIENTE.

Procure acordar com o Cliente os próximos passos.

Garanta que você possui os dados comerciais, operacionais e técnicos para prosseguir para uma conversa mais detalhada.

Registre as principais informações compartilhadas pelo Cliente e envie para ele até dois dias após a reunião. Solicite ao Cliente a gentileza de incluir algum ponto adicional e confirmar que o documento reflete bem os pontos da reunião.

FECHANDO A REUNIÃO

Resuma os pontos discutidos.

Pergunte se faltou algo a ser discutido

ou no resumo que você fez.

Proponha os próximos passos.

Acorde a data da próxima reunião.

RESUMINDO SOBRE A IMPORTÂNCIA DA PREPARAÇÃO

Não negligencie a preparação pois o impacto de uma boa preparação geralmente é bem significativo.

Pesquise. Estude.

Investigue. Pergunte. Resuma.

Desenvolva suas Hipóteses de Valor a serem testadas com o Cliente.

RECOMENDAÇÕES FINAIS.

- Procure falar 30% do tempo e deixe a maior parte do tempo para o Cliente falar.

- Faça perguntas Abertas e curtas.

- Seja flexível e mantenha a concentração no que o Cliente está transmitindo de informação.

- O Cliente pode transmitir informação: falando, através da forma como reage, com emoções, prestando atenção ou não ao ponto específico que você está falando.

- Procure aprender ao máximo. Fique atento, calmo e alerta. Demonstre interesse em entender os Desafios e Prioridades do Cliente.

- Cada Pessoa possui três Dimensões a serem Diagnosticadas: prioridades pessoais, prioridades da função ou cargo que a pessoa ocupa, prioridades da empresa.

- Esteja preparado para imprevistos. Preparação é fundamental e vai contribuir para o seu sucesso.

- Conheça profundamente os produtos, serviços e soluções que sua empresa pode oferecer.

Você ganha mais credibilidade junto ao Cliente pelas perguntas que faz do que que pelo simples discurso de venda.

Não assuma! Faça um Diagnóstico!

Não assumir que você sabe o que o Cliente está passando, enfrentando ou procura.

Procure fazer um diagnóstico da situação real enfrentada pelo Cliente.

EXERCÍCIO E APRENDIZADO

De volta a realidade. Reflita, registre e implemente.

- O que eu aprendi?

- O que vou implementar?

- O que vou implementar primeiro?

- Quando vou implementar?

- Que resultados quero alcançar?

Sobre o autor

Osvaldo Pereira Silva possui vasta experiência na liderança de equipes e gestão de contas estratégicas em mercados B2B nacionais e internacionais. Trabalhou nas áreas comercial como

Consultor, Gerente e Diretor. Foi Diretor de marketing, Diretor de área de serviços compartilhados, e Head Global de aprendizagem & treinamento. Trabalhou em 4 países, visitou mais de 30 países a trabalho, e trabalhou com diversos setores B2B, como: aviação, mineração, transporte de cargas, indústria, petroquímica e óleo & gás. Possui formação em Ciências Econômicas, gestão Comercial B2B, Marketing B2B, Finanças, Negociação B2B e gestão de processos B2B.

Apaixonado por apoiar empresas e executivos a realizarem o seu potencial, implementarem os seus planos, e, a materializarem os seus sonhos.

Contato: osvaldopsilva@growrop.net

Site: www.growrop.net

www.ingramcontent.com/pod-product-compliance
Lightning Source LLC
Chambersburg PA
CBHW031559210526
45464CB00003B/1351